Sube de nivel en los videojuegos

SUBE DE NIVEL EN MINECRAFT

LORI DITTMER

BLACK RABBIT BOOKS

BOLT

Bolt es una publicación de Black Rabbit Books
P.O. Box 227, Mankato, Minnesota, 56002.
www.blackrabbitbooks.com

Alissa Thiegles, editora; Rhea Magaro, diseñadora de los interiores e investigación fotográfica

Library of Congress Cataloging-in-Publication Data
Names: Dittmer, Lori, author.
Title: Sube de nivel en Minecraft / by: Lori Dittmer.
Other titles: Level up Minecraft. Spanish
Description: Mankato, MN: Black Rabbit Books, [2026] | Series: Sube de nivel en los videojuegos | Includes index. | Audience: Ages 8–12 | Audience: Grades 4–6
Identifiers: LCCN 2025018428 (print) | LCCN 2025018429 (ebook) | ISBN 9781645827139 (library binding) | ISBN 9781645827214 (ebook) | ISBN 9781645828150 (paperback)
Classification: LCC GV1469.35.M535 D58 2026 (print) | LCC GV1469.35.M535 D58 2026 (ebook) | DDC 794.8—dc23/eng/20250721

Impreso en los Estados Unidos de América

Image Credits

Dreamstime/Aleksandr Dorogin, 32, Roberto Bellomonte, 17; Mojang Studios, 6, 7, 8, 9, 11, 12, 14, 15, 16, 19, 21, 22–23, 28, 31; Pastelrepair, 4–5; patrika, 20; Shutterstock/AI Generator, cover, 1, 16, aslysun, 27, GizemG, 24–25, klyaksun, 26, lera lysenko, 25, mkfilm, 3.

Every effort has been made to contact copyright holders for material reproduced in this book. Any omissions will be rectified in subsequent printings if notice is given to the publisher.

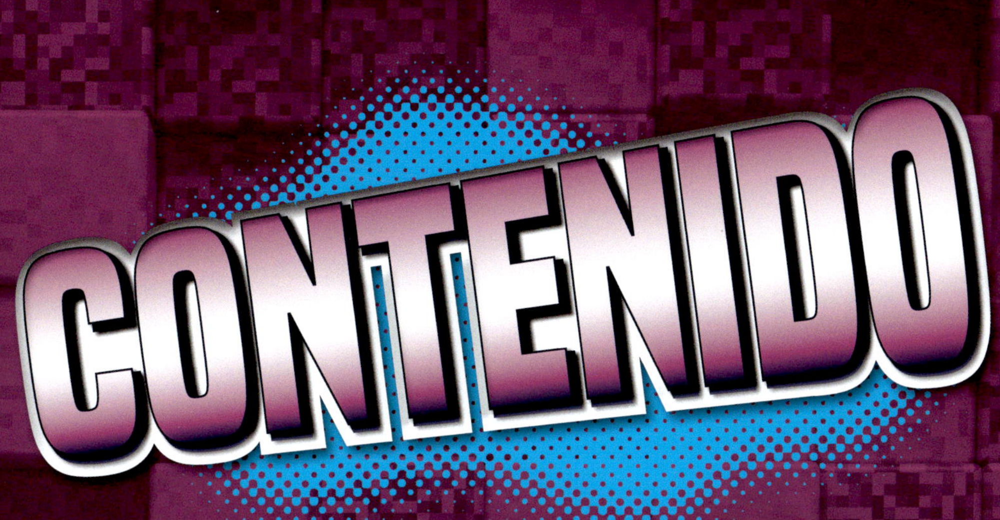
CONTENIDO

¡ATAQUE ZOMBI!

Steve excava en una cueva. Recoge algo de hierro. Oye un ruido. Hay un zombi en la entrada de la cueva. ¡Ay, no! ¡Va a atacar! El lobo de Steve contraataca. ¡El zombi pierde! Steve monta un caballo para volver a casa antes de que oscurezca. Está a salvo de otros monstruos.

Steve

Ari

Sunny

Noor

Alex

Los comienzos de Minecraft

Minecraft es un juego de tipo sandbox. Los jugadores son libres de explorar por donde quieran. Hay más de 50 **biomas**. Estos incluyen pantanos, desiertos y bosques.

Los jugadores pueden construir a su propio ritmo. Pueden jugar solos o acompañados. También pueden compartir su mundo en línea.

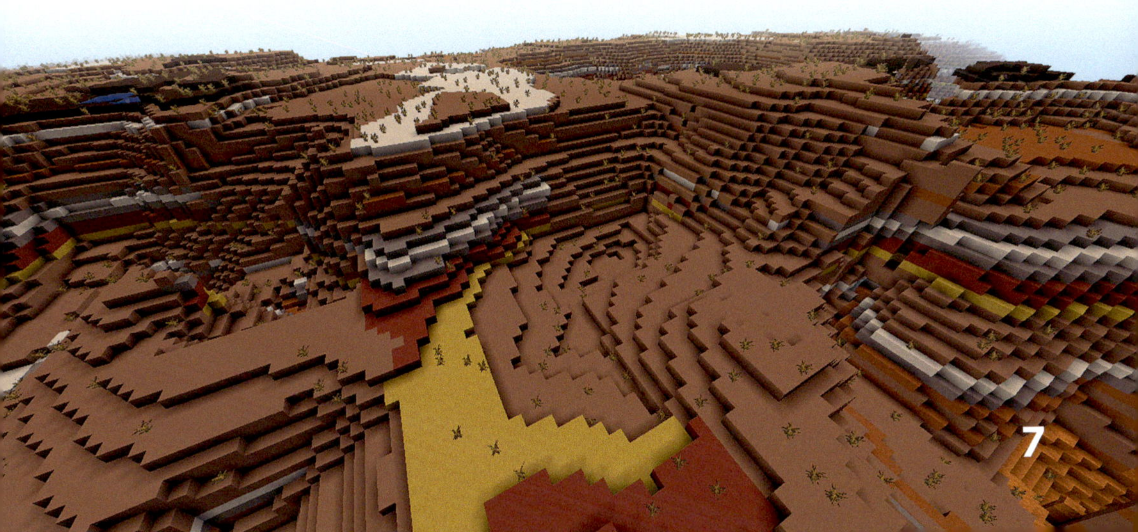

Llanura

Espacios planos para construir una base.

Bosque

Mucha madera para fabricar objetos.

Sabana

Encuentra caballos y llamas.

Playa

Encuentra comida en el océano.

CAPÍTULO 2

BLOQUES DE CONSTRUCCIÓN

Para comenzar, el personaje aparece en un mundo abierto. Todo está hecho de bloques. Para encontrar **recursos**, los jugadores rompen los bloques. Golpea un árbol para obtener madera. Luego usa los bloques de madera para crear **tablones**. Cuatro tablones forman una mesa de trabajo. Esta mesa se usa para fabricar herramientas. Las herramientas ayudan a cultivar y a minar.

Modos de juego

SUPERVIVENCIA

sobrevive y construye

EXTREMO

una sola vida

AVENTURA

mundo creado por el jugador

CREATIVO

bloques ilimitados

ESPECTADOR

observa un mundo

Modos de Minecraft

Los jugadores pueden elegir entre varios **modos**. El más popular es supervivencia. Tienen que comer y encontrar recursos. Construyen y fabrican objetos. De noche, aparecen **criaturas** hostiles. En el modo creativo, los jugadores construyen libremente. No tienen que preocuparse por la salud ni el hambre. Nada los ataca.

PASIVAS

No atacan. Pueden dar amistad y comida.

NEUTRALES

Pueden atacar si se enojan. Algunas les dan objetos a los jugadores.

cabra

creeper

zombi

HOSTILES

Atacan cuando ven jugadores. Destrúyelas para ganar objetos.

wither

JEFES

Parte de la historia final. Destrúyelas para ganar.

Construye un cofre para guardar objetos. Si tu personaje muere, las herramientas en el cofre estarán a salvo. De lo contrario, podrías perderlas.

Construye tu base

En el modo supervivencia, unos monstruos atacan. Los jugadores necesitan una casa para pasar la noche. Excava en la ladera de una colina. O construye paredes con bloques. Luego agrega un techo. Usa antorchas para mantener alejados a los monstruos. ¡No te olvides de la cama! La cama es un punto de **aparición**. Si tu personaje muere, volverá a aparecer allí.

CAPÍTULO 3

SUBIR DE NIVEL

Minar es la mejor forma de subir de nivel. Es una de las actividades más importantes del juego. Ayuda a conseguir recursos. Estos se necesitan para casi todo en *Minecraft*.

Primero crea un pico de piedra. Luego mina hierro. Recuerda **mejorar** y crear nuevas herramientas. Las mejores herramientas excavan más profundo y más rápido.

montañas, cuevas

cuevas, valles profundos

capas subterráneas

tierras baldías

Sube de nivel con EXP

Los jugadores obtienen puntos de experiencia (EXP). Pueden usar la EXP para reparar y mejorar herramientas. Hay muchas maneras de conseguir EXP. Una de ellas es ir a pescar. Por cada objeto que atrapan, los jugadores ganan EXP. También se gana EXP al intercambiar objetos con aldeanos. Para un desafío mayor, pelea y destruye criaturas.

CAPÍTULO 4

DOMINAR MINECRAFT

El modo creativo no tiene fin. Los jugadores pueden minar y construir libremente. Algunos han construido réplicas del Titanic y del Taj Mahal. Otros recrearon el mundo de *El Señor de los Anillos*.

El modo supervivencia tiene misiones. Los jugadores eligen cuáles completar. El objetivo final es vencer al Enderdragón. Puede llevar cientos de horas de juego.

El modo extremo es parte del modo supervivencia. Solo los jugadores más habilidosos juegan así.

CONSTRUYE LA TIERRA
4000
CANTIDAD DE CONSTRUCTORES.
#1
¡La construcción más grande de *Minecraft* hasta ahora!
CREADOR:
PippenFTS

2020
Año en que comenzó la construcción. Todavía está en curso.
Un bloque =
3.3 pies
(1 metro)

Trabajar en equipo

Minecraft también es un **esport**. Cada año, más escuelas suman equipos. Los equipos compiten para completar una construcción. Las batallas de construcción son eventos cronometrados. Se califica la creatividad y el nivel de detalle.

Otros jugadores transmiten sus partidas en **streaming**. Comparten consejos. Ayudan a otros a encontrar nuevas formas de derrotar a los monstruos.

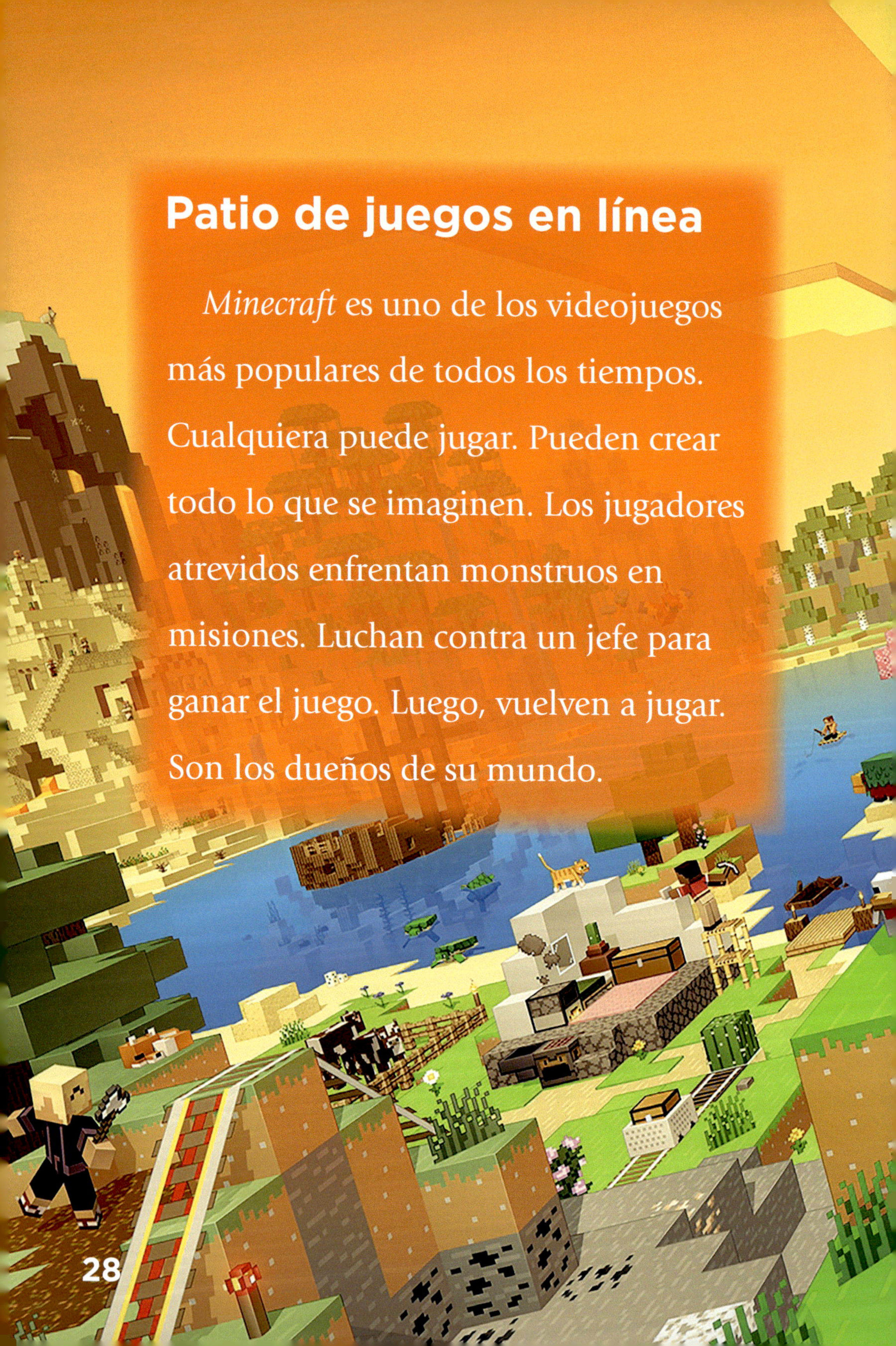

Patio de juegos en línea

Minecraft es uno de los videojuegos más populares de todos los tiempos. Cualquiera puede jugar. Pueden crear todo lo que se imaginen. Los jugadores atrevidos enfrentan monstruos en misiones. Luchan contra un jefe para ganar el juego. Luego, vuelven a jugar. Son los dueños de su mundo.

GLOSARIO

aparición: cuando un personaje u objeto aparece en el juego, por lo general en un lugar determinado

bioma: un lugar grande de la naturaleza donde viven ciertas plantas y animales

criatura: un personaje que no es jugador y puede moverse dentro del mundo del juego

esport: videojuego competitivo

mejorar: hacer que algo funcione o se vea mejor

modo: conjunto de reglas dentro de un juego que definen cómo se juega

recurso: concepto o elemento que puede medirse o contarse y que está bajo el control del jugador

streaming: transmisión o recepción de material de video o audio por internet de forma continua

tablón: una tabla larga y gruesa

ÍNDICE ALFABÉTICO

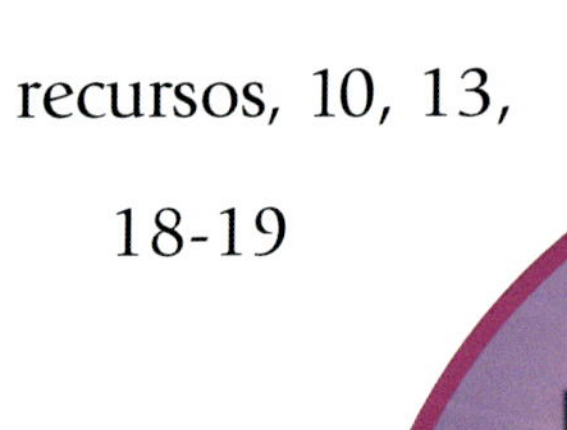